PARA EDUCAR CRIANÇAS FEMINISTAS

PARA EDUCAR CRIANÇAS FEMINISTAS
UM MANIFESTO

CHIMAMANDA NGOZI ADICHIE

Tradução de Denise Bottmann

20ª reimpressão

COMPANHIA DAS LETRAS

Copyright © 2017 by Chimamanda Ngozi Adichie
Todos os direitos reservados

Grafia atualizada segundo o Acordo Ortográfico da Língua Portuguesa de 1990, que entrou em vigor no Brasil em 2009.

Título original Dear Ijeawele, or A Feminist Manifesto in Fifteen Suggestions
Capa e projeto gráfico Claudia Espínola de Carvalho
Foto da autora Ivara Esege
Revisão Ana Luiza Couto e Marina Nogueira

Dados Internacionais de Catalogação na Publicação (CIP)
(Câmara Brasileira do Livro, SP, Brasil)

    Adichie, Chimamanda Ngozi
      Para educar crianças feministas: um manifesto / Chimamanda Ngozi Adichie; tradução Denise Bottmann. — 1ª ed. — São Paulo: Companhia das Letras, 2017.

      Título original: Dear Ijeawele, or A Feminist Manifesto in Fifteen Suggestions
      ISBN 978-85-359-2851-8

      1. Crianças – Educação 2. Feminismo 3. Manifesto I. Bottmann, Denise II. Título.

17-00578   CDD-305.23

Índice para catálogo sistemático:
1. Crianças: Feminismo: Sociologia   305.23

Todos os direitos desta edição reservados à
EDITORA SCHWARCZ S.A.
Rua Bandeira Paulista, 702, cj. 32
04532-002 — São Paulo — SP
Telefone: (11) 3707-3500
www.companhiadasletras.com.br
www.blogdacompanhia.com.br
facebook.com/companhiadasletras
instagram.com/companhiadasletras
twitter.com/cialetras

INTRODUÇÃO

Há algumas anos, quando uma amiga de infância — que cresceu e se tornou uma mulher bondosa, forte e inteligente — me perguntou o que devia fazer para criar sua filha como feminista, minha primeira reação foi pensar que eu não sabia.

Parecia uma tarefa imensa.

Mas, como eu me manifestara publicamente sobre o feminismo, talvez ela achasse que eu era uma especialista no assunto. Ao longo dos anos, eu havia cuidado de muitos filhos de pessoas próximas, tinha sido baby-sitter e ajudado a criar sobrinhos e sobrinhas. Havia observado muito, ouvido muito e pensado ainda mais.

Em resposta ao pedido de minha amiga, resolvi lhe escrever uma carta, na esperança de que fosse algo prático e sincero, e também que servisse como uma espécie de mapa de minhas próprias reflexões feministas. Este livro é uma versão da carta, com algumas pequenas alterações.

Agora eu também sou mãe de uma menininha encantadora e percebo como é fácil dar conselhos para os outros criarem seus filhos, sem enfrentar na pele essa realidade tremendamente complexa.

Ainda assim, penso que é moralmente urgente termos conversas honestas sobre outras maneiras de criar nossos filhos, na tentativa de preparar um mundo mais justo para mulheres e homens.

Minha amiga respondeu dizendo que iria "tentar" seguir minhas sugestões. E, ao relê-las agora como mãe, eu também estou decidida a tentar.

PARA EDUCAR CRIANÇAS FEMINISTAS
UM MANIFESTO

QUERIDA IJEAWELE,

Que alegria! E que lindo nome: Chizalum Adaora. Ela é linda. Tem só uma semana e já mostra curiosidade pelo mundo. Que coisa maravilhosa você fez, trazer um ser humano ao mundo. "Parabéns" parece tão pouco. Sua mensagem me fez chorar. Você sabe como às vezes fico boba e emotiva. Por favor, saiba que levo sua tarefa — pensar como criá-la como feminista — muito a sério. E entendo o que você quer dizer quando fala que nem sempre sabe qual deve ser a reação feminista a certas situações. Para mim, o feminismo é sempre uma questão de contexto. Não tenho nenhuma regra. A coisa mais próxima disso são minhas duas "Ferramentas Feministas", que vou dividir com você como ponto de partida.

A primeira é a nossa premissa, a convicção firme e inabalável da qual partimos. Que premissa é essa? Nossa premissa feminista é: eu tenho valor. Eu tenho igualmente valor. Não "se". Não "enquanto". Eu tenho igualmente valor. E ponto final.

A segunda ferramenta é uma pergunta: a gente pode inverter X e ter os mesmos resultados?

Por exemplo: muita gente acredita que, diante da infidelidade do marido, a reação feminista de uma mulher deveria ser deixá-

-lo. Mas acho que ficar também pode ser uma escolha feminista, dependendo do contexto. Se o Chudi dorme com outra mulher e você o perdoa, será que a mesma coisa aconteceria se você dormisse com outro homem? Se a resposta for "sim", então sua decisão de perdoá-lo pode ser uma escolha feminista, porque não é moldada pela desigualdade de gênero. Infelizmente, a verdade é que, na maioria dos casamentos, a resposta a essa pergunta em geral seria negativa por uma questão de gênero — aquela ideia absurda de que "os homens são assim", o que significa que os padrões para eles são mais baixos.

Tenho algumas sugestões para a criação de Chizalum. Mas lembre-se de que você pode fazer tudo o que eu disser e apesar disso ela pode sair muito diferente do que você queria, porque às vezes a vida é assim.

O importante é tentar. E sempre confie em seus instintos mais do que em qualquer outra coisa, porque é o amor por sua filha que lhe servirá de guia.

Aí vão minhas sugestões:

1. Primeira sugestão: Seja uma pessoa completa. A maternidade é uma dádiva maravilhosa, mas não seja definida apenas pela maternidade. Seja uma pessoa completa. Vai ser bom para sua filha. Marlene Sanders, a pioneira jornalista americana, a primeira mulher a ser correspondente na Guerra do Vietnã (e ela mesma mãe de um menino), uma vez deu este conselho a uma jornalista mais jovem: "Nunca se desculpe por trabalhar. Você gosta do que faz, e gostar do que faz é um grande presente que você dá à sua filha".

Acho isso sábio e comovente. Nem precisa gostar do seu trabalho. Você pode apenas gostar do que seu emprego faz por você — a confiança e o sentimento de realização que acompanham o ato de fazer e de receber por isso.

Não me surpreende que sua cunhada diga que você deve ser uma mãe "tradicional" e ficar em casa, que Chudi não precisa de outra fonte de renda para sustentar a família. As pessoas vão usar a "tradição" seletivamente para justificar qualquer coisa. Diga-lhe que uma família com dupla fonte de renda constitui a verdadeira tradição igbo, não só porque as mães plantavam e comercializavam antes do colonialismo britânico, mas também porque o comércio era uma atividade exclusivamente feminina em algumas partes da Igbolândia. Ela saberia disso se ler não fosse uma atividade tão estranha a ela. O.k., essa alfinetada foi para te animar um pouco. Sei que você está aborrecida — e com razão —, mas o melhor é ignorá-la. Todo mundo vai dar palpites, dizendo o que você deve fazer, mas o que importa é o que você quer, e não o que os outros querem que você queira. Por favor, não acredite na ideia de que maternidade e trabalho são mutuamente excludentes.

Nossas mães trabalharam em tempo integral enquanto crescíamos, e nos saímos bem — pelo menos você; quanto a mim, o júri ainda está deliberando.

Nas próximas semanas desse início de maternidade, seja boa com você mesma. Peça ajuda. Espere ajuda. Isso de Supermulher não existe. Criar os filhos é questão de prática — e de amor. (Mas eu realmente gostaria que não tivesse virado o verbo em inglês *parent*, coisa que julgo estar na raiz do fenômeno global de classe média do *parenting* como uma interminável jornada aflita e cheia de sentimento de culpa.)

Permita-se falhar. Uma mãe de primeira viagem nem sempre sabe como acalmar o bebê que está chorando. Não ache que precisa saber tudo. Leia livros, procure coisas na internet, pergunte a mães e pais mais velhos ou, simplesmente, vá por tentativa e erro. Mas, acima de tudo, concentre-se em continuar uma pessoa completa. Tire um tempo para si mesma. Atenda a suas necessidades pessoais.

Por favor, não pense nisso como "dar conta de tudo". Nossa cultura enaltece a ideia das mulheres capazes de "dar conta de tudo", mas não questiona a premissa desse enaltecimento. Não tenho o menor interesse no debate sobre as mulheres que "dão conta de tudo", porque o pressuposto desse debate é que o trabalho de cuidar da casa e dos filhos é uma seara particularmente feminina, ideia que repudio vivamente. O trabalho de cuidar da casa e dos filhos não deveria ter gênero, e o que devemos perguntar não é se uma mulher consegue "dar conta de tudo", e sim qual é a melhor maneira de apoiar o casal em suas duplas obrigações no emprego e no lar.

2. Segunda sugestão: Façam juntos. Lembra que aprendemos no primário que verbos são palavras "de ação"? Bom, pai é verbo tanto quanto mãe. Chudi deve fazer tudo o que a biologia permite — ou seja, tudo, menos amamentar. Às vezes, as mães, tão condicionadas a ser tudo e a fazer tudo, são cúmplices na redução do papel dos pais. Você pode achar que Chudi não vai

dar banho nela do jeito que você gostaria, que talvez ele não enxugue o bumbum dela com o cuidado que você teria. E daí? Qual é o máximo que pode acontecer? Ela não vai morrer nas mãos do pai por causa disso. É sério. Ele a ama. É bom para ela ser cuidada pelo pai. Então, relaxe, esqueça seu perfeccionismo, deixe de lado seu senso socialmente condicionado de dever. Dividam igualmente a criação. "Igualmente" depende, claro, de ambos, e vocês vão dar um jeito nisso, prestando atenção às necessidades de cada um. Não precisa ser uma divisão literalmente meio a meio, ou um dia você, um dia ele, mas você vai saber se estão dividindo igualmente. Vai saber por não se sentir ressentida. Porque quando há igualdade não existe ressentimento.

E, por favor, abandone a linguagem da ajuda. Chudi não está "ajudando" você ao cuidar da filha dele. Está fazendo o que deveria fazer. Ao dizermos que os pais estão "ajudando", o que sugerimos é que cuidar dos filhos é território materno, onde os pais se aventuram corajosamente a entrar. Não é. Você consegue imaginar quantas pessoas seriam hoje mais felizes, mais equilibradas e contribuiriam mais com o mundo se os pais tivessem tido presença ativa durante a infância delas? E nunca diga que Chudi está de "babá" — quem trabalha como babá não vê o bebê como sua principal responsabilidade.

Chudi não merece nenhum elogio ou gratidão especial, nem você — ambos escolheram pôr uma criança no mundo, e ambos têm igual responsabilidade por essa criança. Seria diferente se você fosse mãe solo, por escolha ou pelas circunstâncias, pois aí não teria a opção de "fazer juntos".

Mas você não deve ser "mãe solo", isto é, fazer as coisas sozinha, a menos que seja realmente mãe solo.

Certa vez, meu amigo Nwabu me contou que a esposa o deixou quando os filhos eram pequenos e por isso ele virou "Pãe", querendo dizer que era ele quem cuidava da criação deles no dia a dia. Mas ele não estava sendo "Pãe"; estava apenas sendo pai.

3. Terceira sugestão: Ensine a ela que "papéis de gênero" são totalmente absurdos. Nunca lhe diga para fazer ou deixar de fazer alguma coisa "porque você é menina".

"Porque você é menina" nunca é razão para nada. Jamais.

Lembro que me diziam quando era criança para "varrer direito, como uma menina". O que significava que varrer tinha a ver com ser mulher. Eu preferiria que tivessem dito apenas para "varrer direito, pois assim vai limpar melhor o chão". E preferiria que tivessem dito a mesma coisa para os meus irmãos.

Ultimamente ocorreram uns debates nas redes sociais nigerianas sobre as mulheres e a cozinha, que diziam que as esposas precisam cozinhar para os maridos. É engraçado, quero dizer, engraçado como uma coisa triste, que em 2016 ainda estejamos falando de cozinhar como uma espécie de "teste de boa esposa" para as mulheres.

Saber cozinhar não é algo que vem pré-instalado na vagina. Cozinhar se aprende. Cozinhar — o serviço doméstico em geral — é uma habilidade que se adquire na vida, e que teoricamente homens e mulheres deveriam ter. É também uma habilidade que às vezes escapa tanto aos homens quanto às mulheres.

Também temos de questionar a ideia do casamento como um prêmio para as mulheres, pois é o que está na base desses debates absurdos. Se pararmos de condicionar as mulheres a verem o casamento dessa forma, não precisaremos discutir tanto se uma esposa precisa cozinhar para ganhar esse prêmio.

Acho interessante como o mundo começa a inventar papéis de gênero desde cedo. Ontem fui a uma loja infantil para comprar uma roupa para Chizalum. Na seção das meninas, havia umas coisas pálidas espantosas, em tons de rosa desbotado. Não gostei. A seção dos meninos tinha roupas num azul forte e vibrante. Como achei que o azul ia ficar lindo em contraste com a pele morena dela — e sai melhor nas fotos —, comprei uma roupinha azul. A moça do caixa me disse que era o presente ideal para um garotinho. Falei que era para uma menininha. Ela fez uma cara horrorizada: "Azul para uma menina?".

Fico imaginando quem foi o gênio do marketing que inventou essa dualidade rosa-azul. Havia também uma seção de "gênero neutro", com aquela infinidade de tons de cinzas sem graça. "Gênero neutro" é uma bobagem, porque tem como premissa a ideia do masculino como azul e do feminino como rosa, sendo o "gênero neutro" uma categoria própria. Por que não organizar as roupas infantis por idade e expô-las em todas as cores? Afinal, todos os bebês têm corpo parecido.

Olhei a seção de brinquedos, também organizada por gênero. Os brinquedos para meninos geralmente são "ativos", pedindo algum tipo de "ação" — trens, carrinhos —, e os brinquedos para meninas geralmente são "passivos", sendo a imensa maioria bonecas. Fiquei impressionada com isso. Eu não tinha percebido ainda como a sociedade começa tão cedo a inventar a ideia do que deve ser um menino e do que deve ser uma menina. Eu gostaria que os brinquedos fossem divididos por tipo, não por gênero.

Já contei sobre a vez que fui a um shopping americano com uma menina nigeriana de sete anos e a mãe dela? A menina viu um helicóptero de brinquedo, uma daquelas coisas que voam com controle remoto. Ela ficou fascinada e pediu um. "Não", disse a mãe. "Você tem suas bonecas." E a menina respondeu: "Mamãe, é só com boneca que vou brincar?".

Nunca me esqueci daquilo. A intenção da mãe era boa, claro. Era bem versada nas ideias de estereótipos de gênero — meninas brincam com bonecas e meninos brincam com helicópteros. Agora me pergunto, um pouco sonhadora, se a menininha não teria virado uma engenheira revolucionária se tivessem dado a ela a chance de explorar aquele helicóptero.

Se não empregarmos a camisa de força do gênero nas crianças pequenas, daremos a elas espaço para alcançar todo o seu potencial. Por favor, veja Chizalum como indivíduo. Não como uma menina que deve ser de tal ou tal jeito. Veja seus pontos fortes e seus pontos fracos de maneira individual. Não a meça pelo que uma menina deve ser. Meça-a pela melhor versão de si mesma.

Uma jovem nigeriana uma vez me contou que passou muitos anos se comportando "como menino" — gostava de futebol e não achava graça em vestidos —, até que a mãe a obrigou a abandonar seus interesses "de menino" e agora ela agradece à mãe por ajudá-la a começar a se comportar como menina. A história me deixou triste. Fiquei imaginando o que ela teve de abafar e silenciar dentro de si, o que sua personalidade perdeu, pois aquilo que a moça chamava de "se comportar como menino" era, na verdade, se comportar como ela mesma.

Outra conhecida, uma americana, me contou uma vez que levou o filho de um ano a um espaço de recreação infantil em que várias mães levavam seus bebês, e percebeu que as mães das meninas eram muito controladoras, sempre dizendo "não pegue isso" ou "pare e seja boazinha", e que os meninos eram incentivados a explorar mais, não eram tão reprimidos e as mães quase nunca diziam "seja bonzinho". Sua teoria é que pais e mães inconscientemente começam muito cedo a ensinar às meninas como devem ser, que elas têm mais regras e menos espaço, e os meninos têm mais espaço e menos regras.

Os estereótipos de gênero são tão profundamente incutidos em nós que é comum os seguirmos mesmo quando vão contra nossos verdadeiros desejos, nossas necessidades, nossa felicidade. É muito difícil desaprendê-los, e por isso é importante cuidar para que Chizalum rejeite esses estereótipos desde o começo. Em vez de deixá-la internalizar essas ideias, ensine-lhe autonomia. Diga-lhe que é importante fazer por si mesma e se virar sozinha. Ensine-a a consertar as coisas quando quebram. A gente supõe rápido demais que as meninas não conseguem fazer várias coisas. Deixe-a tentar. Ela pode não conseguir, mas deixe-a tentar. Compre-lhe brinquedos como blocos e trenzinhos — e bonecas também, se você quiser.

4. Quarta sugestão: Cuidado com o perigo daquilo que chamo de Feminismo Leve. É a ideia de uma igualdade feminina condicional. Por favor, rejeite totalmente. É uma ideia vazia, falida, conciliadora. Ser feminista é como estar grávida. Ou se é ou não se é. Ou você acredita na plena igualdade entre homens e mulheres, ou não.

O Feminismo Leve usa analogias como "ele é a cabeça e você é o pescoço". Ou "ele está na direção, mas você é o copiloto". Mais preocupante ainda é a ideia, no Feminismo Leve, de que os homens são naturalmente superiores, mas devem "tratar bem as mulheres". Não, não e não. A base para o bem-estar de uma mulher não pode se resumir à condescendência masculina.

O Feminismo Leve usa a linguagem do "deixar". Theresa May é a primeira-ministra britânica e foi assim que um jornal progressista britânico descreveu seu marido: "Philip May é conhecido na política como o homem que ficou no banco de trás e deixou sua esposa, Theresa, brilhar".

Deixou.

Agora vamos inverter. Theresa May deixou o marido brilhar. Que sentido isso faz? Se Philip May fosse o primeiro-ministro, talvez ouvíssemos que a esposa lhe deu "apoio" ou esteve "por trás", ou que ela "esteve ao seu lado", mas nunca ouviríamos que ela o "deixou" brilhar.

Deixar é uma palavra complicada. Deixar é uma questão de poder. Você ouvirá com frequência o pessoal do Feminismo Leve nigeriano dizer: "A mulher pode fazer o que quiser, desde que o marido deixe".

O marido não é um diretor de escola. A esposa não é uma colegial. Permitir e deixar, quando são usados unilateralmente — e em geral é apenas assim que são usados —, nunca deveriam fazer parte da linguagem de um casamento igualitário.

Outro exemplo muito claro do Feminismo Leve são os homens que dizem: "Claro que não é a esposa que tem de cuidar da casa sempre; eu mesmo fiz o serviço doméstico quando ela viajou".

Lembra como a gente riu com um artigo atroz que saiu sobre mim uns anos atrás? O autor me acusava de ser "raivosa", como se eu tivesse de me envergonhar por sentir "raiva". Claro que tenho raiva. Tenho raiva do racismo. Tenho raiva do sexismo. Mas eu recentemente percebi que tenho mais raiva do sexismo do que do racismo.

Pois na minha raiva do sexismo eu com frequência me sinto sozinha. Pois eu amo e vivo entre muita gente que facilmente reconhece a injustiça racial, mas não a injustiça de gênero.

Nem dá para dizer quantas vezes me cobraram — pessoas queridas, homens e mulheres — que eu argumentasse, "provasse" o sexismo, por assim dizer, e jamais cobraram isso em relação ao racismo. (Claro que, no mundo em geral, ainda se cobra de muita gente que "prove" o racismo, mas não em meus círculos mais próximos.) Nem dá para dizer quantas vezes essas pessoas queridas minimizaram ou negaram situações sexistas.

Como nosso amigo Ikenga, sempre rápido em negar que qualquer coisa é causada pela misoginia, nunca interessado em escutar ou discutir, sempre dedicado a explicar como na verdade são as mulheres que são privilegiadas. Uma vez ele disse: "Ainda que a percepção geral seja de que meu pai manda em casa, na verdade, nos bastidores, é minha mãe quem manda". Ikenga achava que estava refutando o sexismo, mas estava mesmo era reforçando meu argumento. Por que "nos bastidores"? Se uma mulher tem poder, por que precisamos dissimular o fato?

Mas é uma triste verdade: nosso mundo está cheio de homens e mulheres que não gostam de mulheres poderosas. Estamos tão condicionados a pensar o poder como coisa masculina que uma mulher poderosa é uma aberração. E por isso ela é policiada. No caso de mulheres poderosas, perguntamos: ela tem humildade? Sorri? Mostra gratidão? Tem um lado doméstico? Perguntas que não fazemos a homens poderosos, o que demonstra que nosso desconforto não é com o poder em si, mas com a mulher. Julgamos as poderosas com mais rigor do que os poderosos. E o Feminismo Leve permite isso.

5. Quinta sugestão: Ensine Chizalum a ler. Ensine-lhe o gosto pelos livros. A melhor maneira é pelo exemplo informal. Se ela vê você lendo, vai entender que a leitura tem valor. Se ela não frequentasse a escola e simplesmente lesse livros, provavelmente se instruiria mais do que uma criança com educação convencional. Os livros vão ajudá-la a entender e questionar o mundo, vão ajudá-la a se expressar, vão ajudá-la em tudo o que ela quiser ser — chefs, cientistas, artistas, todo mundo se beneficia das habilidades que a leitura traz. Não falo de livros escolares. Falo de livros que não têm nada que ver com a escola: autobiografias, romances, histórias. Se nada mais der certo, pague-a para ler. Dê uma recompensa. Sei dessa nigeriana incrível, Angela, uma mãe solo, que estava criando a filha nos Estados Unidos. A menina não

gostava de ler, então a mãe decidiu pagar cinco centavos para cada página lida. Mais tarde, ela dizia brincando: "Saiu caro, mas o investimento valeu a pena".

6. Sexta sugestão: Ensine Chizalum a questionar a linguagem. A linguagem é o repositório de nossos preconceitos, de nossas crenças, de nossos pressupostos. Mas, para lhe ensinar isso, você terá de questionar sua própria linguagem. Uma amiga minha diz que nunca chamará a filha de "Princesa". Quando as pessoas dizem isso, a intenção é boa, mas "princesa" vem carregado de pressupostos sobre sua fragilidade, sobre o príncipe que virá salvá-la etc. Essa amiga prefere "anjo" e "estrela".

Então decida o que não dirá para sua menina. Porque o que você diz a ela faz diferença. Ensina o que ela deve valorizar. Você conhece aquela frase igbo usada para repreender as garotas que estão sendo infantis? "O que é isso? Você não sabe que já está na idade de achar marido?" Eu costumava falar muito isso. Mas agora decidi que não falo mais. Falo: "está na idade de achar emprego". Pois não creio que a gente deva ensinar às meninas que o casamento é algo a que elas devem aspirar.

Tente não usar demais palavras como "misoginia" e "patriarcado" com Chizalum. Nós, feministas, às vezes usamos muitos jargões, e o jargão às vezes pode ser abstrato demais. Não se limite a rotular alguma coisa de misógina — explique a ela por que aquilo é misógino e como poderia deixar de ser.

Ensine-lhe que, se você critica X nas mulheres e não critica X nos homens, então você não tem problemas com X, mas com as mulheres. X pode ser palavras como raiva, ambição, extroversão, teimosia, frieza, insensibilidade.

Ensine-lhe a fazer perguntas como: quais são as coisas que as mulheres não podem fazer por serem mulheres? Essas coisas têm prestígio cultural? Se têm, por que só os homens podem fazê-las?

Ajuda, acredito, usar exemplos do dia a dia.

Lembra aquele comercial de TV que vimos em Lagos, em que um homem cozinhava e a esposa aplaudia? Progresso de verdade é quando ela não aplaude ele, mas reage à comida em si — ela pode elogiar ou não a comida dele, assim como ele pode elogiar ou não a dela, mas é sexista ela elogiar o fato de que ele esteja cozinhando, elogio que traz implícito que cozinhar é uma ação intrinsecamente feminina.

Lembra aquela mecânica em Lagos que chamavam de "dona mecânica" num perfil no jornal? Ensine a Chizalum que uma mulher é uma mecânica, não uma "dona mecânica".

Mostre-lhe que é errado quando um homem bate no nosso carro no trânsito de Lagos, sai e manda a gente chamar nosso marido porque ele não vai "lidar com uma mulher".

Em vez de simplesmente falar, mostre-lhe com exemplos que a misoginia pode ser explícita e que a misoginia pode ser sutil, e que as duas são abomináveis.

Ensine Chizalum a questionar os homens que só conseguem sentir empatia pelas mulheres dentro de uma rede de relações, e não como indivíduos humanos iguais. Homens que, discutindo o estupro, sempre dirão algo como: "se fosse minha filha ou esposa ou irmã". Mas esses homens não precisam imaginar um homem vítima de um crime "como irmão ou filho" para sentir empatia. Ensine-a também a questionar a ideia de que as mulheres são uma espécie à parte. Uma vez ouvi de um político americano, ao demonstrar seu apoio às mulheres, que elas deveriam ser "reverenciadas" e "defendidas" — um sentimento muito comum.

Diga a Chizalum que as mulheres, na verdade, não precisam ser defendidas e reverenciadas; só precisam ser tratadas como seres humanos iguais. Há uma conotação de superioridade na ideia de que as mulheres precisam ser "defendidas e reverenciadas" por ser mulheres. Isso me faz pensar em cavalheirismo, e a premissa do cavalheirismo é a fragilidade feminina.

7. Sétima sugestão: Nunca fale do casamento como uma realização. Encontre formas de deixar claro que o matrimônio não é uma realização nem algo a que ela deva aspirar. Um casamento pode ser feliz ou infeliz, mas não é realização.

Condicionamos as meninas a aspirarem ao matrimônio e não fazemos o mesmo com os meninos; assim, de partida, já há um desequilíbrio tremendo. As meninas vão crescer e se tornar mulheres preocupadas com casamento. Os meninos vão crescer e se tornar homens que não são preocupados com o casamento. As mulheres vão se casar com esses homens. A relação é automaticamente desigual porque a instituição tem mais importância para um lado do que para o outro. Então, qual é a surpresa se, em muitos casamentos, as mulheres sacrificam mais, em detrimento delas mesmas, pois têm de manter constantemente uma troca desigual? Uma das consequências desse desequilíbrio é o fenômeno muito sórdido e frequente de duas mulheres brigando publicamente por causa de um homem, que fica quieto, só observando.

Quando Hillary Clinton estava concorrendo à presidência dos Estados Unidos, a primeira característica listada na descrição em sua conta do Twitter era "esposa". Ainda é. A primeira característica na descrição do Twitter de seu marido Bill Clinton é "fundador", não "marido". (Por causa disso, tenho um tremendo carinho pelos raríssimos homens que usam "marido" como primeira característica em sua descrição.)

Estranhamente, não admira que ela se defina dessa forma, enquanto ele não. Parece normal, porque é comum. Nosso mundo ainda dá ao papel conjugal e maternal da mulher um valor muito maior do que a qualquer outra coisa.

Quando se casou com Bill Clinton em 1975, Hillary Clinton manteve o nome Hillary Rodham. Depois, acabou por acrescentar o sobrenome dele, "Clinton", e mais tarde abandonou o "Rodham" por pressão política — porque o marido perderia o voto de eleitores ofendidos por ela conservar o próprio sobrenome.

Ler sobre isso me fez pensar não só sobre como os eleitores americanos aparentemente têm expectativas conjugais reacionárias em relação às mulheres, mas também sobre minha própria experiência com o meu nome.

Lembra quando um jornalista resolveu me dar um novo nome — "sra. Sobrenome do Marido" —, ao descobrir que eu era casada, e como eu pedi que parasse pois meu nome não era aquele? Nunca irei esquecer a hostilidade latente em algumas mulheres nigerianas em resposta a isso. Era interessante como recebi uma hostilidade maior, em geral, de mulheres do que de homens, muitas insistindo em me chamar pelo nome que não era o meu, tentando me silenciar.

Fiquei pensando nisso e achei que minha escolha talvez representasse para muitas uma contestação do que elas pensavam ser a norma.

Até algumas amigas minhas me disseram coisas como: "Você tem sucesso profissional, então tudo bem manter seu sobrenome". O que me fez pensar: por que uma mulher precisa ter sucesso no que faz para justificar manter seu próprio sobrenome?

O fato é que mantive meu sobrenome não por ter sucesso. Se não tivesse tido a sorte de ser publicada e lida por um grande público, manteria do mesmo jeito. Mantive meu sobrenome porque é meu. Mantive meu sobrenome porque gosto dele.

Tem gente que diz: "Bom, seu sobrenome também é uma questão de patriarcado, porque vem do seu pai". Verdade. Mas a questão é simples: venha do meu pai ou de Marte, é o sobrenome que tenho desde que nasci, é o sobrenome com que percorri os marcos da minha vida, é o sobrenome pelo que atendo desde o dia em que entrei no jardim de infância, numa manhã mormacenta, e a professora disse: "Respondam 'presente' durante a chamada pelo nome. Número 1: Adichie!".

Gosto dele e não vou mudar. Mais importante, todas as mulheres deveriam poder escolher se querem manter ou não seu sobrenome — mas a realidade é que existe uma enorme pressão social para a aceitação dos padrões vigentes. Claro que existem mulheres que querem adotar o sobrenome do marido, mas outras não querem seguir esse padrão. No entanto, a energia necessária para isso — mental, emocional e até mesmo física — é simplesmente excessiva. Quantos homens você acha que se disporiam a mudar de sobrenome ao se casar?

"Sra." é um título de que não gosto, porque a sociedade nigeriana dá valor excessivo ao termo. Já vi casos demais em que homens e mulheres anunciam com orgulho o tratamento de sra., como se as que não são sras. tivessem falhado em alguma coisa. "Sra." pode ser uma escolha, mas atribuir-lhe tanto valor, como faz nossa cultura, é uma coisa incômoda. O valor que damos a "sra." significa que o casamento muda a posição social da mulher, mas não a do homem. (Será por isso que muitas mulheres reclamam que os homens casados ainda "se comportam" como se fossem solteiros? E será que, se nossa sociedade dissesse aos homens casados para mudarem de sobrenome e adotarem outra forma de tratamento, diferente de "sr.", o comportamento deles mudaria também? Ha!) Agora, falando sério, se você, com 28 anos, já com o título de mestre, passa de uma hora para outra de Ijeawele Eze para sra. Ijeawele Udegbunam, decerto isso exige não só a energia mental de mudar a documentação, a carteira de motorista, o passaporte, mas também uma mudança psíquica, um novo "tornar-se", não? Esse novo "tornar-se" não teria tanta importância se os homens também precisassem passar por ele.

Um homem é sr., seja solteiro ou casado, uma mulher é sra., seja solteira ou casada. Então, por favor, ensine a Chizalum que, numa sociedade realmente justa, não se devem cobrar das mulheres mudanças devido ao casamento que não são cobradas dos homens. Eis aqui uma bela solução: todo casal assumiria ao se casar um sobrenome totalmente novo, que escolheriam como quisessem, desde que fosse de mútuo acordo, e assim, logo no dia seguinte ao casamento, marido e mulher poderiam se dar as mãos e ir alegremente às repartições públicas para mudar seus passaportes, carteiras de motorista, assinaturas, iniciais, contas bancárias etc.

8. Oitava sugestão: Ensine Chizalum a não se preocupar em agradar. A questão dela não é se fazer agradável, a questão é ser ela mesma, em sua plena personalidade, honesta e consciente da igualdade humana

das outras pessoas. Lembra quando lhe contei sobre como me irritava que nossa amiga Chioma me dissesse que "as pessoas" não iam "gostar" de algo que eu queria dizer ou fazer? Eu sempre sentia dela uma pressão implícita para que eu mudasse e me encaixasse num molde que agradaria uma entidade amorfa chamada "as pessoas". Era irritante porque queremos que as pessoas próximas de nós nos incentivem a desenvolver nossa personalidade mais autêntica.

Por favor, nunca imponha essa pressão à sua filha. Ensinamos as meninas a serem agradáveis, boazinhas, fingidas. E não ensinamos a mesma coisa aos meninos. É perigoso. Muitos predadores sexuais se aproveitam disso. Muitas meninas ficam quietas quando são abusadas, porque querem ser boazinhas. Muitas meninas passam tempo demais tentando ser "boazinhas" com pessoas que lhes fazem mal. Muitas meninas pensam nos "sentimentos" de seus agressores. Esta é a consequência catastrófica de querer agradar. Temos um mundo cheio de mulheres que não conseguem respirar livremente porque estão condicionadas demais a assumir formas que agradem aos outros.

Então, em vez de ensinar Chizalum a ser agradável, ensine-a a ser honesta. E bondosa. E corajosa. Incentive-a a expor suas opiniões, a dizer o que realmente sente, a falar com sinceridade. E então elogie quando ela agir assim. Elogie principalmente quando ela tomar uma posição que é difícil ou impopular, mas que é sua posição sincera. Diga-lhe que a bondade é importante. Elogie quando ela for bondosa com outras pessoas. Mas ensine-lhe que sua bondade nunca deve ser tratada como se não fosse nada. Diga-lhe que ela também merece a bondade dos outros. Ensine-a a defender o que é seu. Se outra criança pegar o brinquedo dela sem permissão, diga-lhe para pegar de volta, porque seu consentimento é importante. Diga-lhe para falar, para se manifestar, para gritar sempre que se sentir incomodada com alguma coisa.

Mostre-lhe que não precisa de que todo mundo goste dela. Diga-lhe que, se alguém não gosta dela, outro gostará. Ensine-lhe que ela não é apenas um objeto de que gostam ou desgostam, ela também é um sujeito que pode gostar ou desgostar. Durante a adolescência, se ela chegar em casa chorando porque alguns meninos não gostam dela, mostre-lhe que ela pode escolher não gostar deles — sim, é difícil, eu sei, lembro de como era apaixonada por Nnamdi no ginásio.

Mas eu gostaria que alguém tivesse me dito isso.

9. Nona sugestão: Dê a Chizalum um senso de identidade. É importante. Esteja atenta a isso. Faça com que ela, ao crescer, se orgulhe de ser, entre outras coisas, uma Mulher Igbo. E você deve ser seletiva — ensine-a a abraçar as partes bonitas da cultura igbo e ensine-a a rejeitar as que não são. Você pode lhe dizer, em vários contextos e de várias maneiras: "A cultura igbo é bonita porque valoriza a comunidade, o consenso, a dedicação ao trabalho, e a língua e os provérbios são lindos e cheios de profunda sabedoria. Mas a cultura igbo também ensina que uma mulher não pode fazer certas coisas porque é mulher, e isso é errado. A cultura igbo também se concentra mais do que deveria no materialismo e, embora o dinheiro seja importante — porque

dinheiro significa independência —, você não deve valorizar as pessoas baseando-se em quem tem dinheiro e quem não tem".

Esteja atenta também em lhe mostrar a constante beleza e capacidade de resistência dos africanos e dos negros. Por quê? A dinâmica do poder no mundo fará com que ela cresça vendo imagens da beleza branca, da capacidade branca, das realizações brancas, em qualquer lugar onde estiver. Isso estará nos programas de TV a que assistir, na cultura popular que consumir, nos livros que ler. Provavelmente também crescerá vendo muitas imagens negativas da negritude e dos africanos.

Ensine-lhe a sentir orgulho da história dos africanos e da diáspora negra. Encontre heróis e heroínas negros na história. Existem. Você talvez precise contradizer algumas coisas que ela aprenderá na escola — o currículo nigeriano não é muito imbuído da ideia de ensinar as crianças a sentirem orgulho de sua história. Os professores serão ótimos em ensinar matemática, ciências, artes e música, mas você mesma é que terá de lhe ensinar orgulho.

Ensine-lhe sobre o privilégio e a desigualdade e sobre a importância de dar dignidade a todos os que não querem prejudicá-la — ensine-lhe que os trabalhadores domésticos são humanos como ela, ensine-lhe a cumprimentar sempre o motorista. Associe essas expectativas à identidade dela — por exemplo, diga: "Em nossa família, quando se é criança, cumprimenta-se os mais velhos, não importa o serviço que fazem".

Dê-lhe um apelido igbo. Quando eu era menina, minha tia Glady me chamava de Ada Obodo Dike. Sempre adorei. Que eu saiba, minha aldeia de Ezi-Abba é conhecida como a Terra dos Guerreiros, e ser chamada de Filha da Terra dos Guerreiros era uma coisa maravilhosa.

10. Décima sugestão: Esteja atenta às atividades e à aparência dela.

Incentive-a a praticar esportes. Ensine-lhe a ser ativa. Façam caminhadas juntas. Nadem. Corram. Joguem tênis. Futebol. Pingue-pongue. Todos os tipos de esportes. Qualquer tipo de esporte. Penso que é importante não só por causa dos evidentes benefícios para a saúde, mas porque pode ajudar com todas as inseguranças quanto à imagem do corpo que o mundo lança sobre as meninas. Ensine a Chizalum que ser ativa é algo de grande valor. Os estudos mostram que as meninas geralmente param de praticar esportes ao chegar à puberdade.

Não surpreende. O desenvolvimento dos seios e a percepção de si mesmas podem atrapalhar na prática de esportes — eu parei de jogar futebol quando meus seios começaram a crescer, pois tudo o que eu queria era esconder a existência deles, e correr e colidir não ajudava. Por favor, tente fazer com que isso não a atrapalhe.

Se ela gostar de maquiagem, deixe-a se maquiar. Se ela gostar de roupas da moda, deixe-a usar. Mas, se não gostar, deixe também. Não pense que criá-la como feminista significa obrigá-la a rejeitar a feminilidade. Feminismo e feminilidade não são mutuamente excludentes. É misógino sugerir o contrário. Infelizmente, há mulheres que aprenderam a se envergonhar e a se desculpar por interesses vistos como tradicionalmente femininos, como moda e maquiagem. Mas nossa sociedade não espera que os homens se sintam envergonhados por interesses tidos como masculinos — carros esportivos, certos esportes profissionais. Da mesma forma, o fato de um homem se arrumar bem nunca é visto com a desconfiança que se aplica a uma mulher — um homem bem-vestido não se preocupa que, por estar assim, possam colocar em dúvida sua inteligência, sua seriedade ou sua capacidade. Uma mulher, por outro lado, está sempre consciente de como um batom chamativo ou uma roupa bem montada pode fazer com que os outros a vejam como frívola.

Nunca, jamais associe a aparência de Chizalum à moral. Nunca lhe diga que uma saia curta é "indecente". Associe a maneira de se vestir com uma questão de gosto ou de beleza, e não de moral. Se vocês discordarem sobre as roupas que ela quer usar, nunca lhe diga coisas como "você está parecendo uma prostituta", como sei que sua mãe lhe disse uma vez. Em vez disso, diga: "Essa roupa não fica tão bem em você quanto aquela outra", ou não cai muito bem, ou não é tão bonita ou, simplesmente, é feia. Mas nunca "indecente". Porque as roupas não têm absolutamente nada a ver com a moral.

Tente não associar cabelo e dor. Quando penso na minha infância, lembro quantas vezes chorei enquanto trançavam meu cabelo comprido e cheio. Lembro que deixavam na minha frente um pacotinho de chocolate como prêmio caso eu ficasse quieta até acabarem de me pentear. E para quê? Imagine se não tivéssemos passado tantos sábados de nossa infância e adolescência trançando o cabelo. O que teríamos aprendido? De que maneira teríamos crescido? O que os meninos faziam aos sábados?

Então, quanto ao cabelo dela, sugiro que você redefina "bem ajeitado". Se o cabelo está associado à dor para tantas meninas, em parte é porque os adultos resolveram seguir uma versão de "bem ajeitado" que significa Esticado Demais, Repuxando o Couro Cabeludo e Dando Dor de Cabeça.

Precisamos parar com isso. Na Nigéria, vejo muitas meninas na escola serem extremamente humilhadas por não estarem com o cabelo "bem ajeitado", só porque um pouco do cabelo que Deus lhes deu fica enrolado em lindos cachinhos crespos nas laterais da cabeça. Deixe o cabelo de Chizalum solto — em grandes tranças, embutidas ou não, e não use pentes finos que não foram feitos pensando em cabelos como os nossos.

E tome isso como definição de bem ajeitado. Se precisar, vá à escola dela e converse com a direção. Basta uma pessoa para mudar as coisas.

Chizalum desde cedo notará — pois as crianças são muito perspicazes — qual é o tipo de beleza que se valoriza. Verá nos filmes, nas revistas, na televisão. Verá que se valoriza a pele branca. Perceberá que o tipo de cabelo que se valoriza é o liso ou o ondulado, e é um cabelo que cai, em vez de ficar armado. Ela vai deparar com tudo isso, quer você queira ou não. Então, garanta que ela veja alternativas. Faça-a perceber que mulheres brancas e magras são bonitas e que mulheres não brancas e não magras são bonitas. Faça-a perceber que, para muitas pessoas e muitas culturas, a definição limitada de beleza não é bonita. É você quem mais conhece sua filha, e assim é você quem sabe melhor como afirmar o tipo de beleza dela, como protegê-la para que não se sinta insatisfeita ao se olhar no espelho.

Cerque-a com muitas tias, mulheres com qualidades que você gostaria que ela admirasse. Diga o quanto VOCÊ as admira. As crianças copiam e aprendem pelo exemplo. Diga o que você admira nelas. Eu, por exemplo, admiro especialmente a feminista afro-americana Florynce Kennedy. Algumas africanas de quem eu falaria para ela são Ama Ata Aidoo, Dora Akunyili, Muthoni Likimani, Ngozi Okonjo Iweala, Taiwo Ajayi-Lycett. Existem inúmeras africanas que são fontes de inspiração feminista, tanto pelo que fizeram quanto pelo que se negaram a fazer. Como, aliás, sua avó, aquela figura admirável, forte, de língua afiada.

Cerque Chizalum também com muitos tios. Isso vai ser mais difícil, a julgar pelo tipo de amigos que Chudi tem. Ainda não consigo engolir aquele fanfarrão de barba bem aparada que ficava dizendo sem parar no último aniversário de Chudi: "A mulher com quem eu me casar não poderá me dizer o que fazer!".

Então, por favor, encontre alguns homens não fanfarrões. Homens como o seu irmão Ugomba, como o nosso amigo Chinakueze. Porque a verdade é que ela vai deparar com muitas fanfarronices masculinas na vida. Então é bom que tenha alternativas desde cedo.

O poder das alternativas é incalculável. Chizalum poderá se contrapor aos "estereótipos de gênero" se o grupo familiar tiver fornecido alternativas a ela. Se conhece um tio que cozinha bem — e faz isso com a maior naturalidade —, e se chegar alguém dizendo que "cozinhar é obrigação de mulher", ela poderá sorrir e descartar na hora essa bobagem.

11. Décima primeira sugestão. Ensine-a a questionar o uso seletivo da biologia como "razão" para normas sociais em nossa cultura.

Conheço uma iorubá, casada com um igbo, que estava em sua primeira gravidez e queria escolher um nome para a criança. Todos os nomes em que estava pensando eram igbos.

Perguntei se não deveriam usar nomes iorubás, já que iriam usar o sobrenome igbo do pai. Ela me respondeu: "Uma criança pertence em primeiro lugar ao pai. É assim que tem de ser".

Muitas vezes usamos a biologia para explicar os privilégios dos homens, e a razão mais comum é a superioridade física masculina. É claro que é verdade que, em geral, os homens são fisicamente mais fortes do que as mulheres. Mas, se realmente dependêssemos da biologia como fonte das normas sociais, as crianças então seriam identificadas pelas mães e não pelos pais, pois, quando a criança nasce, o genitor biológico — e incontestável — é a mãe. Supomos que o pai é quem a mãe diz que é. Pergunto-me quantas linhagens em todo o mundo não são biológicas.

Para muitas mulheres igbos, o condicionamento é tão grande que as mulheres pensam que a progênie é apenas do pai. Conheço mulheres que abandonaram casamentos ruins, mas não foram "autorizadas" a levar ou sequer a ver os filhos porque eles pertencem ao homem.

Também usamos a biologia evolucionista para explicar a promiscuidade masculina, mas não para explicar a promiscuidade feminina, muito embora, do ponto de vista da evolução, realmente faça muito sentido que as mulheres tenham vários parceiros sexuais — quanto maior a variedade genética, maiores as chances de gerar crianças que se desenvolvam bem.

Então, ensine a Chizalum que a biologia é um assunto interessante e fascinante, mas que nunca a aceite como justificativa para qualquer norma social, pois são criadas por seres humanos, e não existe norma social que não possa ser alterada.

12. Décima segunda sugestão: Converse com ela sobre sexo, e desde cedo. Provavelmente será um pouco constrangedor, mas é necessário.

Você se lembra daquele seminário a que fomos no terceiro ano? Supostamente iriam nos ensinar sobre a "sexualidade", mas o que ouvimos foram vagas ameaças veladas de que, se "falássemos com os meninos", acabaríamos engravidando e caindo em desgraça. Lembro aquela sala e aquele seminário como o lugar da vergonha. Uma tremenda vergonha. Aquele tipo especial de vergonha que tem a ver com ser mulher. Tomara que sua filha nunca depare com uma coisa assim.

Com Chizalum, não finja que o sexo é uma mera ação reprodutiva controlada. Ou uma ação "apenas no casamento", pois isso é mentira. (Você e Chudi faziam sexo muito antes do casamento, e provavelmente ela vai perceber isso quando tiver uns doze anos.) Diga-lhe que o sexo pode ser uma coisa linda e que, além das evidentes consequências físicas (por ser mulher!), também pode ter consequências emocionais. Diga-lhe que o corpo dela pertence a ela e somente a ela, e que nunca deve sentir a necessidade de dizer "sim" a algo que não quer ou a algo que se sente pressionada a fazer. Ensine-lhe que dizer "não" quando sentir que é o certo é motivo de orgulho.

Diga-lhe que você acredita ser melhor que ela espere até ser adulta para poder fazer sexo. Mas prepare-se, pois pode ser que ela não espere até os dezoito anos. E, se não esperar, você precisa ter a segurança de que ela se sinta à vontade para lhe contar isso.

Não basta dizer que você quer criar uma filha que lhe conte tudo: precisa lhe dar a linguagem para falar com você. E digo isso literalmente. Como ela vai chamar isso? Que termo usará?

Lembro que, quando eu era criança, as pessoas usavam *ike* para o ânus e a vagina, e que ânus era o sentido mais imediato, mas tudo ficava meio vago e eu nunca soube direito como dizer, por exemplo, que sentia uma coceira na vagina.

A maioria dos especialistas em desenvolvimento infantil diz que é melhor que as crianças chamem os órgãos sexuais por seus devidos nomes biológicos — vagina e pênis. Concordo, mas essa decisão é você que tem de tomar. Precisa decidir que nome você quer que ela use, mas o que importa é que precisa haver um nome, e que esse nome não venha carregado de vergonha.

Para garantir que ela não herde nenhuma vergonha sua, você precisa se libertar da vergonha que você mesma herdou. E eu sei como isso é extremamente difícil. Em todas as culturas do mundo, a sexualidade feminina diz respeito à vergonha. Mesmo culturas que esperam que as mulheres sejam sexy — como muitas no Ocidente —, não esperam que elas sejam sexuais.

A vergonha que atribuímos à sexualidade feminina se refere a uma questão de controle. Muitas culturas e religiões controlam o corpo feminino de uma ou de outra forma. Se a justificativa para controlar o corpo das mulheres se referisse a elas mesmas, seria compreensível. Um exemplo hipotético: as mulheres não devem usar saia curta porque, se usarem, podem ter câncer. Mas, pelo contrário, a razão não se refere a elas, mas aos homens. As mulheres precisam andar "cobertas" para proteger os homens. Isso me parece profundamente desumanizante, porque reduz as mulheres a meros acessórios usados para administrar os apetites masculinos.

E, por falar em vergonha, nunca associe sexualidade e vergonha. Ou nudez e vergonha. Nunca transforme a "virgindade" em foco central. Toda conversa sobre virgindade se torna uma conversa sobre vergonha. Ensine Chizalum a rejeitar a associação entre vergonha e biologia feminina. Por que fomos ensinadas a falar em voz baixa sobre a menstruação? A nos encher de vergonha se por acaso nossa saia fica manchada de sangue? Não há nenhuma razão para nos envergonharmos de nossos períodos menstruais. São normais e naturais, e a espécie humana não estaria aqui se eles não existissem. Lembro-me de um homem que dizia que a menstruação era como merda. Bom, santa merda, respondi, porque você não estaria aqui se ela não existisse.

13. Décima terceira sugestão: Romances irão acontecer, então dê apoio.

Escrevo isso supondo que ela seja heterossexual — pode não ser, claro. Mas adoto essa suposição porque é sobre ela que me sinto mais preparada para comentar.

Assegure-se de que ficará a par dos romances na vida dela. E a única maneira para isso é começar desde cedo a lhe fornecer a linguagem necessária para falar com você sobre sexo e também sobre amor. Não estou dizendo para você ser "amiga" dela. O que digo é que você seja uma mãe com quem ela pode falar de tudo.

Ensine a ela que amar não é só dar, mas também pegar. Isso é importante porque damos às meninas pistas sutis sobre a vida delas — ensinamos que um grande elemento de sua capacidade de amar é sua capacidade de se sacrificar. Não ensinamos isso aos meninos.

Ensine-lhe que, para amar, ela precisa se entregar emocionalmente, mas que também deve esperar receber.

Penso que o amor é a coisa mais importante na vida. De qualquer espécie, da maneira que você o definir, mas para mim, em termos gerais, o amor é ser grandemente valorizada por outro ser humano e dar grande valor a outro ser humano. Mas por que ensinamos apenas metade do mundo a dar esse valor? Pouco tempo atrás, eu estava numa sala cheia de moças, e fiquei espantada como grande parte da conversa era sobre homens — as coisas terríveis que haviam feito a elas, um que enganou, outro que mentiu, outro que prometeu se casar e sumiu, o marido que fez isso e aquilo.

E percebi com tristeza que o inverso não é verdadeiro. Uma sala cheia de homens não fica invariavelmente falando de mulheres — e, se falam, o mais provável é que seja em termos levianos e não queixas sobre a vida. Por quê?

Penso que isso se deve àquele condicionamento que começa desde cedo. Num batizado recente de uma bebê, pediram às pessoas presentes que escrevessem seus votos para a menininha. Uma delas escreveu:

"Desejo-lhe um bom marido". A intenção é boa, mas muito preocupante. Já dizer a uma menina de três meses de idade que um marido é algo a se aspirar. Se fosse um menininho, não passaria pela cabeça dessa pessoa desejar-lhe "uma boa esposa".

E, por falar em mulheres que se queixam de homens que "prometem" casamento e depois somem: não é esquisito que na maioria das sociedades atuais as mulheres em geral não possam pedir um homem em casamento? O casamento é um passo enorme em nossa vida e não podemos tomá-lo a nosso cargo — dependemos de um homem para nos fazer o pedido. Assim, muitas mulheres estão em relacionamentos longos e querem se casar, mas precisam "esperar" que os homens tomem a iniciativa — e muitas vezes essa espera se torna uma encenação, às vezes inconsciente, às vezes não, de seus méritos para se casar. Se aplicarmos aqui a primeira Ferramenta Feminista, não faz nenhum sentido que uma mulher que tenha igualmente valor precise "esperar" que outra pessoa dê início ao que será uma enorme mudança na vida dela.

Uma adepta do Feminismo Leve me disse uma vez que o fato de nossa sociedade esperar que os homens façam o pedido de casamento provava que as mulheres é que tinham o poder, pois um casamento só pode acontecer se a mulher aceitá-lo. A verdade é que o verdadeiro poder está em quem faz o pedido. Antes de poder aceitar ou recusar é preciso que peçam. Desejo de coração a Chizalum um mundo em que qualquer uma das duas pessoas possa pedir, em que uma relação se torne tão confortável e repleta de alegria, que a própria ideia de se casar seja motivo de conversa, ela mesma repleta de alegria.

Quero agora comentar um pouco sobre dinheiro. Ensine-lhe a nunca, jamais dizer um absurdo como "meu dinheiro é meu e o dele é nosso". É sórdido. E perigoso — essa atitude significa que, potencialmente, você está aceitando outras ideias perniciosas. Ensine-lhe que NÃO é papel do homem prover. Num relacionamento sadio, prover é papel de quem tem condições de prover.

14. DÉCIMA QUARTA SUGESTÃO: Ao lhe ensinar sobre opressão, tenha o cuidado de não converter os oprimidos em santos. A santidade não é pré-requisito da dignidade. Pessoas que são más e desonestas continuam seres humanos e continuam a merecer dignidade. Os direitos de propriedade das nigerianas do campo, por exemplo, constituem uma questão feminista importante, e

as mulheres não precisam ser boas e angelicais para ter reconhecidos seus direitos de propriedade.

Nos discursos sobre gênero, às vezes, há o pressuposto de que as mulheres seriam moralmente "melhores" do que os homens. Não são. Mulheres são tão humanas quanto os homens. A bondade feminina é tão normal quanto a maldade feminina.

E existem muitas mulheres no mundo que não gostam de outras mulheres. A misoginia feminina existe e esquivar-se a reconhecê-la é criar oportunidades desnecessárias para que as antifeministas tentem desacreditar o feminismo. Refiro-me àquele tipo de antifeministas que adora dar exemplos de mulheres dizendo: "Não sou feminista", como se uma pessoa nascida com vagina, ao declarar isso, estivesse de certa forma desacreditando automaticamente o feminismo.

Se uma mulher diz não ser feminista, a necessidade do feminismo não diminui em nada. No máximo, isso nos mostra a extensão do problema, o alcance real do patriarcado. Mostra-nos também que nem todas as mulheres são feministas e nem todos os homens são misóginos.

15. Décima quinta sugestão: Ensine-lhe sobre a diferença. Torne a diferença algo comum. Torne a diferença normal. Ensine-a a não atribuir valor à diferença. E isso não para ser justa ou boazinha, mas simplesmente para ser humana e prática. Porque a diferença é a realidade de nosso mundo. E, ao lhe ensinar sobre a diferença, você a prepara para sobreviver num mundo diversificado.

Ela precisa saber e entender que as pessoas percorrem caminhos diferentes no mundo e que esses caminhos, desde que não prejudiquem as outras pessoas, são válidos e ela deve respeitá-los. Ensine-lhe que não sabemos — não podemos saber — tudo sobre a vida. A religião e a ciência têm espaços para as coisas que não sabemos, e isso basta para nos reconciliarmos com esse fato.

Ensine-lhe a nunca universalizar seus critérios ou experiências pessoais. Ensine-lhe que seus critérios valem apenas para ela e não para as outras pessoas. Esta é a única forma necessária de humildade: a percepção de que a diferença é normal.

Diga-lhe que algumas pessoas são homossexuais e outras não. Uma criança tem dois pais ou duas mães porque é assim que algumas pessoas fazem. Diga-lhe que algumas pessoas vão à mesquita, outras à igreja, outras a outros locais de culto e outras ainda não frequentam culto nenhum, porque é assim que é para algumas pessoas.

"Você gosta de óleo de palma, mas tem gente que não gosta", diga a ela. "Por quê?", ela pergunta. "Não sei. É assim que o mundo é", você responde.

Por favor, note que não estou sugerindo que você crie sua filha para "não julgar", coisa que se diz muito hoje em dia e que me preocupa um pouco. O sentimento geral por trás da ideia é bom, mas "não julgar" pode facilmente significar "não ter opinião sobre coisa nenhuma" ou "eu guardo minhas opiniões para mim". Assim, em vez disso, o que desejo a Chizalum é o seguinte: que ela seja cheia de opiniões, e que suas opiniões provenham de uma base bem informada, humana e de uma mente aberta.

Que ela tenha saúde e felicidade. Que tenha a vida que quiser ter.

Você ficou com dor de cabeça depois de ler tudo isso? Desculpe. Da próxima vez, não me pergunte como criar sua filha como feminista.

Com amor, *oyi gi*,
Chimamanda

SOBRE A AUTORA

CHIMAMANDA NGOZI ADICHIE nasceu em Enugu, na Nigéria, em 1977. É autora dos romances *Meio sol amarelo* (2008) — vencedor do Orange Prize, adaptado ao cinema em 2013 —, *Hibisco roxo* (2011) e *Americanah* (2014), publicados no Brasil pela Companhia das Letras. Assina ainda uma coleção de contos, *The Thing around Your Neck* (2009). Sua obra foi traduzida para mais de trinta línguas e apareceu em inúmeros periódicos, como as revistas *New Yorker* e *Granta*. Depois de ter recebido uma bolsa da MacArthur Foundation, Chimamanda vive entre a Nigéria e os Estados Unidos. Sua célebre conferência no TED já teve mais de 1 milhão de visualizações. Eleito um dos dez melhores livros do ano pela *New York Times Book Review* e vencedor do National Book Critics Circle Award, *Americanah* teve os direitos para cinema comprados por Lupita Nyong'o, vencedora do Oscar de melhor atriz por *Doze anos de escravidão*.

www.facebook.com/chimamandaadichie
www.chimamanda.com

OBRAS DA AUTORA PUBLICADAS
PELA COMPANHIA DAS LETRAS

AMERICANAH (2014)

Lagos, anos 1990. Enquanto Ifemelu e Obinze vivem o idílio do primeiro amor, a Nigéria enfrenta tempos sombrios sob um regime militar. Em busca de alternativas às universidades nacionais, paralisadas por sucessivas greves, a jovem Ifemelu muda-se para os Estados Unidos. Ao mesmo tempo que se destaca no meio acadêmico, ela depara pela primeira vez com a questão racial e tem de enfrentar as agruras da vida de imigrante, mulher e, sobretudo, negra. Se Obinze planeja encontrá-la, seus planos tornam-se menos promissores depois do Onze de Setembro, quando as portas americanas se fecham para os estrangeiros.

Quinze anos mais tarde, Ifemelu é uma aclamada blogueira que reflete sobre o dia a dia dos africanos na América, mas o tempo e o sucesso não atenuaram o apego à terra natal, tampouco afrouxaram a ligação com Obinze. Ao voltar para a Nigéria, ela terá de encontrar um lugar na vida de seu companheiro de adolescência e num país muito diferente do que deixou.

Principal autora nigeriana de sua geração e uma das mais destacadas da cena literária internacional, Chimamanda Ngozi Adichie parte de uma história de amor arrebatadora para debater questões prementes e universais como imigração, preconceito racial e desigualdade de gênero. Bem-humorado, sagaz e implacável, conjugando o melhor dos grandes romances e da crítica social, *Americanah* é um épico da contemporaneidade.

"Em parte história de amor, em parte crítica social, um dos melhores romances que você lerá no ano."
Los Angeles Times

"Magistral... Uma história de amor épica..."
O, *The Oprah Magazine*

HIBISCO ROXO (2011)

Protagonista e narradora de *Hibisco roxo*, a adolescente Kambili mostra como a religiosidade extremamente "branca" e católica de seu pai, Eugene, famoso industrial nigeriano, inferniza e destrói lentamente a vida de toda a família. O pavor de Eugene às tradições primitivas do povo nigeriano é tamanho que ele chega a rejeitar o pai, contador de histórias encantador, e a irmã, professora universitária esclarecida, temendo o inferno. Mas, apesar de sua clara violência e opressão, Eugene é benfeitor dos pobres e, estranhamente, apoia o jornal mais progressista do país.

Durante uma temporada na casa de sua tia, Kambili acaba se apaixonando por um padre que é obrigado a deixar a Nigéria por falta de segurança e de perspectiva de futuro. Enquanto narra as aventuras e desventuras de Kambili e de sua família, o romance também apresenta um retrato contundente e original da Nigéria atual, mostrando os remanescentes invasivos da colonização tanto no próprio país, como, certamente, também no resto do continente.

"Uma história sensível e delicada sobre uma jovem exposta à intolerância religiosa e ao lado obscuro da sociedade nigeriana."
J.M. Coetzee

MEIO SOL AMARELO (2008)

FILHA DE UMA FAMÍLIA RICA e importante da Nigéria, Olanna rejeita participar do jogo do poder que seu pai lhe reservara em Lagos. Parte, então, para Nsukka, a fim de lecionar na universidade local e viver perto do amante, o revolucionário nacionalista Odenigbo. Sua irmã Kainene de certo modo encampa seu destino. Com seu jeito altivo e pragmático, ela circula pela alta roda flertando com militares e fechando contratos milionários. Gêmeas não idênticas, elas representam os dois lados de uma nação dividida, mas presa a indissolúveis laços germânicos — condição que explode na sangrenta guerra que se segue à tentativa de secessão e criação do Estado independente de Biafra.

Contado por meio de três pontos de vista — além do de Olanna, a narrativa concentra-se nas perspectivas do namorado de Kainene, o jornalista britânico Richard Churchill, e de Ugwu, um garoto que trabalha como criado de Odenigbo —, *Meio sol amarelo* enfeixa várias pontas do conflito que matou milhares de pessoas em virtude da guerra, da fome e da doença. O romance é mais do que um relato de fatos impressionantes: é o retrato vivo do caos vislumbrado através do drama de pessoas forçadas a tomar decisões definitivas sobre amor e responsabilidade, passado e presente, nação e família, lealdade e traição.

"Um marco na ficção, no qual a prosa clara e despretensiosa delineia nuances de modo absolutamente preciso."
The Guardian

SEJAMOS TODOS FEMINISTAS (2015)

CHIMAMANDA NGOZI ADICHIE ainda se lembra exatamente do dia em que a chamaram de feminista pela primeira vez. Foi durante uma discussão com seu amigo de infância Okoloma. "Não era um elogio. Percebi pelo tom da voz dele; era como se dissesse: 'Você apoia o terrorismo!'." Apesar do tom de desaprovação de Okoloma, Adichie abraçou o termo e — em resposta àqueles que lhe diziam que feministas são infelizes porque nunca se casaram, que são "antiafricanas" e que odeiam homens e maquiagem — começou a se intitular uma "feminista feliz e africana que não odeia homens, e que gosta de usar batom e salto alto para si mesma, e não para os homens".

Neste ensaio preciso e revelador, Adichie parte de sua experiência pessoal de mulher e nigeriana para mostrar que muito ainda precisa ser feito até que alcancemos a igualdade de gênero. Segundo ela, tal igualdade diz respeito a homens e mulheres, pois será libertadora para todos: meninas poderão assumir sua identidade, ignorando a expectativa alheia, mas também os meninos poderão crescer livres, sem ter que se enquadrar em estereótipos de masculinidade.

Sejamos todos feministas é uma adaptação do discurso feito pela autora no TEDx Euston, que conta com mais de 1,5 milhão de visualizações (http://tedxtalks.ted.com/

video/We-should-all-be-feminists-Chim) e foi musicado por Beyoncé (https://www.youtube.com/watch?v=IyuUWOnS9BY).

1ª EDIÇÃO [2017] 20 reimpressões

ESTA OBRA FOI COMPOSTA POR CLAUDIA ESPÍNOLA DE CARVALHO
EM ELECTRA E IMPRESSA PELA GRÁFICA BARTIRA EM OFSETE
SOBRE PAPEL PÓLEN BOLD DA SUZANO S.A. PARA
A EDITORA SCHWARCZ EM JULHO DE 2024

A marca FSC® é a garantia de que a madeira utilizada
na fabricação do papel deste livro provém de florestas
que foram gerenciadas de maneira ambientalmente
correta, socialmente justa e economicamente viável,
além de outras fontes de origem controlada.